Stell Balossa

La maîtrise de la balance des émotions pour réussir

Stell Balossa

La maîtrise de la balance des émotions pour réussir

Les étapes pour atteindre une maîtrise émotionnelle durable et réussir dans tous les domaines de la vie

Éditions Vie

Imprint
Any brand names and product names mentioned in this book are subject to trademark, brand or patent protection and are trademarks or registered trademarks of their respective holders. The use of brand names, product names, common names, trade names, product descriptions etc. even without a particular marking in this work is in no way to be construed to mean that such names may be regarded as unrestricted in respect of trademark and brand protection legislation and could thus be used by anyone.

Cover image: www.ingimage.com

Publisher:
Éditions Vie
is a trademark of
Dodo Books Indian Ocean Ltd. and OmniScriptum S.R.L publishing group

120 High Road, East Finchley, London, N2 9ED, United Kingdom
Str. Armeneasca 28/1, office 1, Chisinau MD-2012, Republic of Moldova, Europe
Printed at: see last page
ISBN: 978-613-9-59203-6

LA MAÎTRISE DE LA BALANCE DES ÉMOTIONS POUR RÉUSSIR

By Stell BALOSSA
Coach Formateur, écrivain

PRÉFACE

Le succès dans la vie dépend de nombreux facteurs tels que les compétences, les opportunités, la persévérance, et bien d'autres encore. Mais il y a un facteur qui est souvent négligé, mais qui est tout aussi crucial : la maîtrise des émotions.

Lorsque nous sommes submergés par nos émotions, nous pouvons perdre notre sang-froid, faire des erreurs, et manquer des opportunités. En revanche, si nous sommes en mesure de gérer nos émotions, nous sommes plus en mesure de prendre des décisions judicieuses, de faire face à des situations difficiles, et de tirer le meilleur parti de chaque situation.

Ce livre offre des outils pratiques pour maîtriser la balance des émotions, et par conséquent, réussir dans la vie. Il vous apprendra à comprendre vos émotions, à les gérer de manière constructive, et à les utiliser pour atteindre vos objectifs.

Les techniques présentées dans ce livre ont été éprouvées et testées dans divers domaines, tels que le monde des affaires, le sport, la santé mentale, et bien d'autres encore. Elles sont accessibles à tous, quel que soit votre niveau d'expérience, et elles peuvent être mises en pratique immédiatement.

La maîtrise des émotions est une compétence fondamentale que tout le monde devrait acquérir pour réussir dans la vie. Ce livre est un guide indispensable pour tous ceux qui cherchent à atteindre un équilibre émotionnel et à réaliser leur plein potentiel.

REMERCIEMENTS

Merci à Dieu, ma femme Sarah Balossa, mes enfants les Alsate, ma famille, mon père Pascal Balossa, mon beau-père Papa Yembi affectueusement appelé mon Jethro, ma communauté religieuse, mon pasteur Roland Elenga et son épouse, merci l'équipe Alsate et SB Academy, mais aussi toutes les personnes qui ont de près ou de loin contribué à la réalisation de ce livre.

Merci au chef de l'état Son Excellence DSN, ainsi qu'a tout le gouvernement congolais, aux autorités civiles et militaires, qui font du mieux qu'ils le peuvent, pour maintenir la paix et rendre ces projets possibles.

De plus, je tiens à remercier tous ceux qui ont soutenu ce projet, qui ont cru en moi et qui ont fait preuve de patience et de détermination. Cette réalisation n'aurait pas été possible sans votre aide et votre soutien. Merci encore de tout cœur.

INTRODUCTION :

La maîtrise de la balance des émotions est un élément clé pour réussir dans la vie professionnelle et personnelle. Les émotions sont un puissant moteur de la motivation et de l'action, mais elles peuvent également causer des perturbations si elles ne sont pas gérées efficacement. C'est pourquoi il est crucial de comprendre comment gérer et utiliser les émotions de manière productive.

Ce livre vous offrira des outils concrets pour comprendre vos émotions, les utiliser de manière efficace et atteindre vos objectifs.

Il vous aidera également à utiliser des outils technologiques, à optimiser votre environnement de travail, à développer des habitudes de travail efficaces, à organiser votre temps et votre espace de travail pour maximiser votre productivité et à gérer les distractions pour atteindre vos objectifs professionnels et personnels.

DEDICACE :

Cet ouvrage est dédié à toutes les personnes qui luttent contre le stress et l'anxiété. Nous espérons que les informations et les techniques contenues dans cet ouvrage vous aideront à améliorer votre qualité de vie et à vous sentir plus en sécurité, en paix et en contrôle de votre vie.

PREMIERE PARTIE :

Dans cette première manche, j'aborderais avec passion, comment optimiser notre productivité au travail et dans d'autres environnements, mais encore la possibilité de vous rendre capable de mesurer votre efficacité.

Comprendre l'outil technologique à votre disposition, l'environnement de travail et les habitudes de travail, comment organiser son temps et son espace de travail et gérer vos distractions.

CHAPITRE 1

OPTIMISATION DE LA PRODUCTIVITE AU TRAVAIL.

Dans cet ouvrage, nous allons explorer en profondeur les différentes techniques et méthodes qui peuvent aider à optimiser la productivité au travail. Nous verrons comment utiliser efficacement les outils technologiques tels que les logiciels de gestion de temps et de tâches, les applications de blocage de distractions et les outils de collaboration en ligne. Nous discuterons également de l'importance de l'organisation de son temps et de son espace de travail, ainsi que de la gestion des distractions et des obstacles courants à la productivité tels que la procrastination et les réunions inutiles. Enfin, nous aborderons les avantages de la mise en place de rituels de travail efficaces et de l'adoption d'une attitude positive envers le travail.

a-Mesure de l’efficacité :

La productivité est un élément clé de la réussite professionnelle. Elle est définie comme la mesure de l'efficacité dans l'utilisation des ressources disponibles pour atteindre des objectifs spécifiques. Il existe de nombreux facteurs qui peuvent influencer la productivité, tels que les outils technologiques, l'environnement de travail et les habitudes de travail. Dans cet ouvrage, nous allons examiner ces facteurs en détail et discuter de différentes méthodes pour les optimiser. Nous verrons comment utiliser les outils technologiques de manière efficace, comment organiser son temps et son espace de travail pour maximiser la productivité, et comment gérer les distractions courantes pour rester concentré sur les tâches importantes.

Je pense que ce livre accompagne tous ceux qui cherchent à améliorer leur productivité au travail, mais aussi dans d'autres environnements dans la mesure de l'efficacité.
Que vous soyez un étudiant, un employé ou un entrepreneur, j'espère que les informations contenues dans cet ouvrage vous aideront à atteindre vos objectifs professionnels et personnels en augmentant votre efficacité et en maximisant votre utilisation des ressources disponibles.

a1- Outils technologiques

Il existe de nombreux outils technologiques qui peuvent aider à optimiser la productivité au travail :

Les outils de gestion de projet
tels que :

1- Trello, Asana et Jira, permettent de planifier les tâches, de suivre les progrès et de collaborer avec d'autres membres de l'équipe.

Trello facilite la gestion des projets et des tâches par les équipes, est l'outil visuel qui permet à votre équipe de gérer n'importe quel type de projet ou de flux de travail, vous avez la possibilité de Personnaliser en ajoutant des fichiers, des checklists ou même des règles d'automatisation pour l'adapter aux méthodes de travail de votre équipe. Il vous suffit de vous inscrire, de créer un tableau.

2- Les outils de messagerie instantanée : tels que Slack, Microsoft Teams et Zoom, permettent de communiquer efficacement avec les collègues et les clients, même à distance.

3- Les outils de stockage en nuage : tels que Google Drive, Dropbox et OneDrive, permettent de stocker et de partager des fichiers de manière sécurisée et de les accéder depuis n'importe où.

4- Les outils de productivité : tels que Todoist, Evernote et RescueTime, permettent de gérer les tâches, de prendre des notes et de suivre l'utilisation du temps pour améliorer la productivité.

5- Les outils de gestion de temps : tels que RescueTime, Toggl, et Harvest, permettent de suivre les temps passés sur les différentes tâches et de les utiliser pour optimiser l'utilisation du temps

Il est important de noter que l'utilisation des outils technologiques n'est qu'une facette de l'optimisation de la productivité au travail, il est important de s'assurer de bien comprendre les besoins de son entreprise et de ses employés pour choisir les bons outils.

a2- l'environnement de travail

L'environnement de travail a un impact important sur notre bien-être physique et mental, ainsi que sur notre capacité à être productif. Il est donc important de veiller à ce que l'environnement de travail soit adapté à vos besoins et à vos objectifs. Il y a plusieurs éléments à considérer pour optimiser l'environnement de travail, tels que :

La luminosité : une lumière naturelle suffisante est importante pour améliorer la productivité et prévenir la fatigue oculaire.
La température : il est important de maintenir une température confortable pour éviter la distraction causée par le froid ou la chaleur excessive.
Le bruit : un environnement calme est nécessaire pour se concentrer sur le travail. Il est donc important de réduire au minimum les distractions sonores, comme la musique ou les conversations.

L'aménagement : un espace de travail organisé et rangé peut aider à améliorer la productivité et à réduire le stress. Il est donc important de disposer de suffisamment d'espace de rangement et de surfaces de travail propres et dégagées.
Le design : le choix des couleurs, des matériaux, des textures et des objets de décoration peut avoir un impact sur notre humeur et notre bien-être. Il est donc important de choisir des éléments qui vous inspirent et vous aident à vous sentir à l'aise.
En somme, l'environnement de travail est un élément clé pour maximiser la productivité et le bien-être. Il est donc important de prendre le temps de réfléchir à vos besoins et à vos objectifs pour créer un environnement de travail adapté à vous.

a3- les habitudes de travail

Les habitudes de travail sont des actions répétitives que nous faisons chaque jour pour accomplir notre travail. Elles peuvent avoir un impact considérable sur notre productivité et notre bien-être. Il est donc important de développer des habitudes de travail efficaces pour atteindre vos objectifs professionnels et personnels.

Voici quelques habitudes de travail couramment recommandées pour améliorer la productivité :

La planification : la planification de vos tâches et de votre temps peut vous aider à être plus efficace et à

éviter les délais. Il est donc important de prendre le temps chaque jour de planifier vos tâches pour le lendemain.
La gestion des priorités : il est important de savoir identifier les tâches les plus importantes et de les faire en premier, cela vous permettra de ne pas vous laisser distraire par des tâches moins importantes.
La méthode Pomodoro : il s'agit d'une technique de gestion du temps qui consiste à travailler pendant des périodes de 25 minutes, suivies d'une courte pause, puis de recommencer. Cette technique permet de se concentrer sur une tâche à la fois et de se reposer régulièrement.
La gestion des distractions : il est important de savoir gérer les distractions pour se concentrer sur le travail. Il est donc important de savoir identifier les sources de distraction et de mettre en place des moyens pour les éviter.
La pratique de la méditation : elle peut aider à améliorer la concentration et la gestion des émotions, ce qui peut améliorer la productivité.
Il est important de noter que la mise en place de ces habitudes de travail peut prendre un certain temps, il est donc important de persévérer et d'être patient. Il est également important de se rappeler que ces habitudes ne sont pas universelles et qu'il est important de les adapter à vos besoins et à vos objectifs personnels.

a4- organiser son temps et son espace de travail pour maximiser la productivité

Organiser son temps et son espace de travail peut aider à maximiser la productivité en vous permettant de mieux gérer vos tâches et de minimiser les distractions. Voici quelques conseils pour organiser votre temps et votre espace de travail :

Planifiez vos tâches : il est important de planifier vos tâches pour savoir ce que vous devez faire chaque jour et pour éviter les délais. Il peut être utile d'utiliser un calendrier ou un outil de gestion de projet pour planifier vos tâches.
Priorisez vos tâches : il est important de savoir identifier les tâches les plus importantes et de les faire en premier. Cela vous permettra de vous concentrer sur les tâches qui ont le plus de valeur ajoutée.
Utilisez la méthode Pomodoro : comme mentionné précédemment, cette technique de gestion du temps consiste à travailler pendant des périodes de 25 minutes, suivies d'une courte pause, puis de recommencer. Cela peut vous aider à vous concentrer sur une tâche à la fois et à vous reposer régulièrement.
Gérez les distractions : il est important de savoir identifier les sources de distraction et de mettre en place des moyens pour les éviter. Cela peut inclure la mise en place de notifications silencieuses sur votre téléphone ou l'utilisation d'un bloqueur de sites pour éviter de vous rendre sur des sites non productifs.

Organisez votre espace de travail : il est important de maintenir un espace de travail propre et ordonné pour éviter les distractions et faciliter la recherche de documents ou d'outils. Il est également important de veiller à avoir suffisamment d'espace de rangement pour stocker vos documents et vos fournitures de bureau.
Il est important de noter que ces conseils sont des suggestions générales et qu'il est important de les adapter à vos besoins et à votre style de travail personnel pour maximiser votre productivité. Il est également important de se rappeler que cela peut prendre un certain temps pour mettre en place de nouvelles habitudes et routines, il est donc important d'être patient et persévérant.

a5- gérer les distractions

Gérer les distractions est un élément important pour maximiser la productivité car cela vous permet de vous concentrer sur les tâches importantes et de minimiser les interruptions inutiles. Voici quelques conseils pour gérer les distractions :

Identifiez les sources de distraction : il est important de savoir ce qui vous distrait le plus, comme les notifications de votre téléphone, les conversations de vos collègues ou les sites web inutiles.
Éliminez les distractions : une fois que vous avez identifié les sources de distraction, il est important de les éliminer autant que possible. Cela peut inclure la mise

en place de notifications silencieuses sur votre téléphone, l'utilisation d'un bloqueur de sites pour éviter de vous rendre sur des sites non productifs ou la mise en place d'un horaire de travail pour éviter les conversations inutiles.
Utilisez des outils de blocage : il existe de nombreux outils en ligne qui peuvent vous aider à bloquer les distractions, comme les bloqueurs de sites et les extensions de navigateur qui bloquent les notifications.
Faites des pauses : il est important de se rappeler que les distractions peuvent également être causées par l'épuisement et la monotonie. Prendre des pauses régulières pour se reposer et se détendre peut aider à réduire les distractions.

noter que ces conseils sont des suggestions générales et qu'il est important de les adapter à vos besoins et à votre style de travail personnel pour maximiser votre productivité. Il est également important de se rappeler que cela peut prendre un certain temps pour mettre en place de nouvelles habitudes et routines, il est donc important d'être patient et persévérant.

CHAPITRE 2

OPTIMISATION DE LA PRODUCTIVITÉ DANS LA VIE PRIVÉ

Il y a plusieurs façons d'optimiser la productivité dans la vie privée :

Il est important pour optimiser votre productivité de définir des objectifs clairs : il s’agira ici de fixer des objectifs à court et à long terme peut aider à se concentrer sur les tâches importantes et à éviter de perdre du temps avec des activités non essentielles.

Utilisation d’une liste de tâches peut aider à organiser les priorités et à suivre votre progrès.

Gérer son temps efficacement marche avec utilisation des techniques de gestion du temps, comme la méthode Pomodoro, peut aider à se concentrer sur une tâche à la fois et à éviter les distractions.

Apprendre à dire non sera un atout majeur : il est important de savoir dire non aux activités qui ne sont pas importantes pour atteindre ses objectifs.

Vous devrez également apprendre à prendre soin de soi, car une bonne hygiène de vie, comme dormir suffisamment, manger sainement et faire de l'exercice, peut contribuer à maintenir un bon niveau d'énergie et à être plus productif.

b1- définir des objectifs clairs

Définir des objectifs clairs est un élément important pour maximiser la productivité car cela vous permet de vous concentrer sur les tâches importantes et de maximiser vos résultats. Voici quelques conseils pour définir des objectifs clairs :

Soyez spécifique : Assurez-vous que vos objectifs sont clairs et spécifiques. Cela signifie qu'ils doivent être définis de manière à ce qu'il soit clair ce que vous voulez accomplir.
Soyez mesurable : Assurez-vous que vous pouvez mesurer les progrès que vous faites pour atteindre vos objectifs. Cela vous permet de savoir si vous êtes sur la bonne voie et de prendre des mesures correctives si nécessaire.
Soyez réalisable : Assurez-vous que vos objectifs sont réalisables. Il est important de fixer des objectifs ambitieux, mais il est également important de s'assurer qu'ils sont réalisables avec les ressources disponibles.
Soyez temporel : Assurez-vous que vos objectifs ont une date limite. Cela vous permet de vous fixer un échéancier pour atteindre vos objectifs et de vous motiver à travailler plus efficacement.

Il est important de noter que ces conseils sont des suggestions générales et qu'il est important de les adapter à vos besoins et à votre style de travail personnel pour maximiser votre productivité. Il est également important de se rappeler que cela peut prendre un certain temps pour mettre en place de nouvelles habitudes et routines, il est donc important d'être patient et persévérant. De plus, il est important de réviser régulièrement vos objectifs pour s'assurer qu'ils sont encore pertinents et adaptés à votre situation actuelle.

b2- Maitriser les techniques de gestion du temps

Il existe de nombreuses techniques de gestion du temps qui peuvent vous aider à maximiser votre productivité et à mieux gérer votre temps. Voici quelques-unes des techniques les plus courantes :

La liste de tâches : Cette technique consiste à créer une liste de toutes les tâches que vous devez accomplir dans une journée ou une semaine. Cela vous permet de vous concentrer sur les tâches les plus importantes et de vous assurer que rien n'est oublié.

Le système de priorité : Cette technique consiste à classer vos tâches en fonction de leur importance. Vous commencez par les tâches les plus urgentes et importantes, puis vous travaillez sur les tâches moins importantes. Cela vous permet de vous concentrer sur les tâches les plus importantes et de maximiser votre productivité.

La méthode Pomodoro : Cette technique consiste à travailler pendant une courte période de temps (généralement 25 minutes), suivie d'une courte pause. Cela vous permet de vous concentrer sur une tâche pendant une courte période de temps, ce qui vous aide à rester concentré et à éviter les distractions.

Le travail en mode "faire" : Cette technique consiste à se concentrer sur les tâches à accomplir plutôt que sur les tâches à planifier. Cela vous permet de vous concentrer sur l'exécution des tâches plutôt que sur la planification, ce qui vous aide à être plus efficace.

La gestion des interruptions : Cette technique consiste à identifier les sources d'interruptions courantes (comme les notifications de courrier électronique ou les appels téléphoniques) et à mettre en place des mécanismes pour les gérer efficacement. Cela vous permet de vous concentrer sur vos tâches sans être constamment dérangé.

Il est important de noter que ces conseils sont des suggestions générales et qu'il est important de les adapter à vos besoins et à votre style de travail personnel pour maximiser votre productivité. Il est également important de se rappeler que cela peut prendre un certain temps pour mettre en place de nouvelles habitudes et routines, il est donc important d'être patient et persévérant.

b3- Apprenez à dire non

Apprendre à dire non est une compétence importante pour gérer efficacement son temps et ses responsabilités. Cela peut sembler difficile à mettre en pratique, mais cela peut vous aider à vous concentrer sur les tâches les plus importantes et à maximiser votre productivité.

Il y a plusieurs raisons pour lesquelles il peut être difficile de dire non. Certaines personnes peuvent avoir peur de décevoir les autres ou de perdre des relations professionnelles. D'autres peuvent se sentir coupables de refuser de participer à des projets ou de prendre des tâches supplémentaires.

Il y a plusieurs façons de dire non de manière efficace.

Soyez poli mais ferme : il est important de rester poli lorsque vous refusez une demande, mais il est également important d'être ferme dans votre refus. Expliquez pourquoi vous ne pouvez pas accepter la demande et restez concentré sur vos propres objectifs et responsabilités.

Proposez une alternative : Si vous ne pouvez pas accepter une demande, proposez une alternative qui peut aider à résoudre le problème. Par exemple, si vous ne pouvez pas participer à un projet en raison d'un calendrier chargé, proposez de recommander quelqu'un d'autre qui pourrait être intéressé par le projet.

Utilisez "je" plutôt que "vous" : Il est important de rester concentré sur vos propres besoins et responsabilités lorsque vous refusez une demande. Utiliser "je" plutôt que "vous" permet de rester concentré sur vous-même plutôt que sur les besoins des autres.

Faites des compromis : Si vous ne pouvez pas accepter une demande, il peut être utile de discuter de compromis. Par exemple, si vous ne pouvez pas participer à un projet en raison d'un calendrier chargé, il peut être possible de participer à une partie du projet plutôt qu'à tout le projet.

Il est important de se rappeler que dire non est une compétence importante et que cela peut prendre un certain temps pour s'y habituer. Il est également important de ne pas se sentir coupable de dire non et de se rappeler que cela peut vous aider à vous concentrer sur les tâches les plus importantes et à maximiser votre productivité.

b4- Savoir prendre soin de soi

Prendre soin de soi est un élément clé de la maîtrise de la balance des émotions pour réussir. Cela inclut une variété d'activités qui peuvent aider à maintenir une bonne santé physique et mentale, telles que l'exercice régulier, une alimentation équilibrée, suffisamment de sommeil, et la pratique de techniques de relaxation telles que la méditation ou le yoga.

Il est important de se rappeler que prendre soin de soi ne signifie pas simplement s'occuper de ses besoins physiques, mais aussi de ses besoins émotionnels et mentaux. Cela peut inclure :

Prendre du temps pour soi : consacrer du temps chaque jour à faire quelque chose que l'on aime, comme lire un livre, écouter de la musique, ou faire une promenade.
Entretenir des relations sociales saines : entretenir des relations significatives avec des amis et des proches peut aider à réduire le stress et à augmenter la sensation de bien-être.
Gérer les émotions : pratiquer des techniques de gestion des émotions, comme la thérapie ou la réflexion, peut aider à identifier et à exprimer les émotions de manière saine.
Prendre des décisions éclairées: Prendre des décisions qui sont en adéquation avec ses valeurs et ses objectifs, et qui sont équilibrées entre les besoins professionnels et personnels.
Il est important de se rappeler que prendre soin de soi est un processus continu et que cela peut prendre un certain temps pour s'y habituer. Il est également important de ne pas se sentir coupable de consacrer du temps à soi et de se rappeler que cela peut aider à maintenir une bonne santé physique et mentale.

CHAPITRE 2

COMMENT NOTRE ENVIRONNEMENT DE TRAVAIL PEUT OPTIMISATION DE LA PRODUCTIVITÉ AU TRAVAIL ?

Notre environnement de travail peut jouer un rôle important dans l'optimisation de la productivité au travail, voici quelques exemples :

un éclairage adéquat et une température confortable peuvent aider les employés à se sentir plus à l'aise et à se concentrer sur leur travail.

un aménagement de l'espace de travail ergonomique peut aider les employés à travailler de manière plus confortable et à prévenir les douleurs et les blessures liées à une mauvaise posture.

un environnement de travail calme et sans distractions peut aider les employés à se concentrer sur leur travail et à éviter les distractions inutiles.

des espaces de pause confortables et des zones de détente peuvent aider les employés à se ressourcer et à se détendre entre les périodes de travail.

Offrir aux employés la possibilité de travailler de manière flexible (en termes de lieu, de temps et de mode de travail) peut les aider à s'adapter à leur style de vie et à augmenter leur productivité.

des espaces de travail ouverts et des zones de collaboration peuvent aider les employés à collaborer et à partager des idées plus efficacement.

1- Éclairage et température

L'éclairage et la température peuvent contribuer à la maîtrise des émotions en influençant notre humeur et notre bien-être.

L'éclairage: la lumière naturelle peut améliorer l'humeur et la productivité, tandis qu'une lumière sombre peut entraîner une baisse d'énergie et une dépression.

La température: une température confortable peut améliorer la détente et la concentration, tandis qu'une température excessive peut provoquer de la fatigue et de la stress.

En gérant adéquatement ces facteurs environnementaux, nous pouvons aider à maintenir une balance émotionnelle saine pour améliorer notre réussite.

Il existe d'autres facteurs qui peuvent contribuer à la maîtrise des émotions pour réussir:

La nutrition: manger une alimentation équilibrée peut aider à maintenir un état d'esprit stable et à gérer les émotions.

L'exercice physique: l'exercice peut améliorer l'humeur, réduire le stress et augmenter l'énergie.

Le sommeil: une quantité suffisante de sommeil de bonne qualité peut aider à maintenir une bonne santé mentale et émotionnelle.

La méditation et la relaxation: ces techniques peuvent aider à réduire le stress, à clarifier les pensées et à améliorer la perception de soi.

En combinant ces facteurs avec une gestion adéquate de l'éclairage et de la température, nous pouvons améliorer notre capacité à gérer nos émotions pour atteindre nos objectifs.

L'absence de lumière peut avoir un impact important sur les personnes et les pays, notamment en termes de santé mentale, de productivité et de qualité de vie.

En hiver, certains pays se trouvent confrontés à des journées très courtes et à une réduction significative de la lumière naturelle. Cela peut entraîner une condition appelée trouble affectif saisonnier (SAD), qui est associée à la dépression, à la fatigue et à une baisse de l'énergie. Les pays nordiques tels que le Danemark, la

Suède, la Norvège et la Finlande sont particulièrement affectés par cette condition.

Des mesures telles que l'utilisation de la lumière artificielle, la participation à des activités en extérieur et la consommation de nourriture saine peuvent aider à atténuer les effets négatifs de l'absence de lumière. Il est également important pour les employeurs de prendre en compte cet impact sur leur personnel et de fournir un environnement de travail confortable pour améliorer la productivité et la santé mentale de leurs employés.

2- Aménagement de l'espace

L'aménagement de l'espace peut contribuer à la maîtrise des émotions en créant un environnement paisible et apaisant qui peut aider à réduire le stress et l'anxiété. Cela peut être accompli par la sélection de couleurs apaisantes, de textures douces et de lumière tamisée, ainsi que par l'inclusion d'éléments naturels tels que des plantes et des objets en bois. De plus, l'organisation efficace de l'espace peut aider à minimiser la distraction et la confusion, ce qui peut également contribuer à améliorer la maîtrise émotionnelle.

Voici d'autres façons spécifiques en quoi l'aménagement de l'espace peut aider à la maîtrise des émotions :

Création d'un environnement calme : En utilisant des couleurs apaisantes et en minimisant la distraction visuelle, l'environnement peut devenir plus apaisant, ce qui peut aider à réduire le stress et l'anxiété.

Incorporation d'éléments naturels : Les éléments naturels tels que les plantes, les pierres et le bois peuvent ajouter une sensation de calme et de sérénité à un espace, ce qui peut aider à améliorer l'humeur et la maîtrise émotionnelle.

Optimisation de l'espace : En organisant l'espace de manière efficace, il peut devenir plus facile de se concentrer et de se détendre, ce qui peut contribuer à une meilleure maîtrise des émotions.

Mise en place d'une zone de relaxation : En créant une zone dédiée à la détente, telle qu'un coin lecture ou un espace de méditation, l'environnement peut aider à favoriser la détente et la réduction du stress.

Utilisation de lumière naturelle : En permettant à la lumière naturelle de pénétrer dans l'espace, il peut être plus facile de se sentir apaisé et détendu, ce qui peut aider à améliorer la maîtrise des émotions.

En somme, l'aménagement de l'espace peut jouer un rôle important dans la maîtrise des émotions en créant un environnement apaisant et paisible qui peut aider à réduire le stress et l'anxiété.

3- Bruits ou l’insonorisation

L'insonorisation et la gestion du bruit peuvent également contribuer à la maîtrise des émotions. Les niveaux élevés de bruit peuvent augmenter le stress et l'anxiété, ce qui peut affecter négativement la maîtrise émotionnelle. L'insonorisation peut aider à réduire les niveaux de bruit gênants et à créer un environnement plus calme et apaisant. Cela peut être accompli par l'utilisation de matériaux insonorisants tels que des rideaux, des tapis et des panneaux de mur, ainsi que par la mise en place de stratégies pour minimiser les sources de bruit telles que les appareils électroniques.

En somme, la gestion du bruit et l'insonorisation peuvent aider à améliorer la maîtrise des émotions en créant un environnement plus calme et apaisant qui peut aider à réduire le stress et l'anxiété.

Voici d'autres façons spécifiques en quoi la gestion du bruit et l'insonorisation peuvent aider à la maîtrise des émotions :

Réduction du stress : En réduisant les niveaux de bruit gênants, il peut être plus facile de se concentrer et de se détendre, ce qui peut contribuer à une meilleure maîtrise des émotions.

Amélioration du sommeil : Les niveaux élevés de bruit peuvent perturber le sommeil, ce qui peut affecter négativement l'humeur et la maîtrise émotionnelle. L'insonorisation peut aider à améliorer la qualité du sommeil en réduisant les niveaux de bruit.

Création d'un environnement calme : En réduisant les niveaux de bruit, l'environnement peut devenir plus calme et apaisant, ce qui peut aider à améliorer la maîtrise des émotions.

Augmentation de la concentration : Les niveaux élevés de bruit peuvent rendre difficile la concentration, ce qui peut affecter négativement la maîtrise émotionnelle. L'insonorisation peut aider à améliorer la concentration en réduisant les niveaux de bruit.

Stimulation de la créativité : Un environnement calme et paisible peut aider à stimuler la créativité et la concentration, ce qui peut contribuer à une meilleure maîtrise des émotions.
Les études ont montré que les niveaux élevés de bruit peuvent affecter négativement les performances, tandis que les environnements calmes et paisibles peuvent les améliorer.

Productivité : Les niveaux élevés de bruit peuvent perturber la concentration et la capacité de travailler de manière efficace, ce qui peut entraîner une baisse de la productivité. Les environnements calmes et apaisants peuvent aider à améliorer la concentration et à augmenter la productivité.

Prise de décision : Les niveaux élevés de bruit peuvent également affecter la capacité à prendre des décisions, car ils peuvent nuire à la capacité de traiter et d'intégrer l'information. Les environnements calmes peuvent aider à améliorer la capacité de prise de décision.

Mémorisation : Les niveaux élevés de bruit peuvent également affecter la mémorisation des informations, car ils peuvent nuire à la capacité de traiter et de stocker les informations. Les environnements calmes peuvent aider à améliorer la mémorisation.

En résumé, les niveaux élevés de bruit peuvent affecter négativement les performances, tandis que les environnements calmes peuvent les améliorer. Il est donc important de considérer la gestion du bruit et l'insonorisation lors de la conception et de l'aménagement de l'espace pour améliorer les performances.

L'impact à court, moyen et long terme des niveaux élevés de bruit peut être considérable et comprendre :

Court terme : Les niveaux élevés de bruit peuvent perturber la concentration et la productivité à court terme, entraînant une baisse de la performance et de la qualité du travail.

Moyen terme : Les niveaux élevés de bruit peuvent également causer des stress et des problèmes de santé à moyen terme, tels que des troubles du sommeil, des maux de tête, une pression artérielle élevée, etc.

Long terme : A long terme, les niveaux élevés de bruit peuvent causer des problèmes de santé plus graves, tels que des maladies cardiovasculaires, des problèmes de mémoire et de concentration, des troubles de l'anxiété et de la dépression, etc.

Par conséquent, la gestion du bruit et l'insonorisation peuvent être des facteurs importants pour améliorer la santé et le bien-être à court, moyen et long terme. Les environnements calmes et apaisants peuvent aider à prévenir les effets négatifs du bruit sur la santé et à améliorer les performances.

Les secteurs les plus touchés par les niveaux élevés de bruit incluent :

Milieu de travail : Les environnements de travail bruyants peuvent affecter les employés et réduire leur productivité. Les secteurs tels que les usines, les aéroports, les gares, les centres de transport, etc., peuvent être particulièrement bruyants.

Santé : Les hôpitaux et les cliniques peuvent être des environnements bruyants qui peuvent nuire à la qualité des soins et affecter la santé et le bien-être des patients et des professionnels de la santé.

Éducation : Les écoles et les universités peuvent également être des environnements bruyants qui peuvent nuire à la capacité d'apprentissage et de concentration des étudiants et des enseignants.

Résidencesomestique : Les quartiers bruyants peuvent causer des troubles du sommeil et des problèmes de santé pour les résidents.

En conclusion, les niveaux élevés de bruit peuvent affecter négativement différents secteurs de la société, et il est important de prendre des mesures pour gérer le bruit et améliorer l'environnement sonore.

Les solutions actuelles et futures à la pointe de la technologie pour gérer les niveaux élevés de bruit incluent :

Isolation acoustique : Les solutions d'isolation acoustique, telles que les murs et les plafonds insonorisés, les fenêtres insonorisées et les portes, peuvent être utilisées pour réduire les niveaux de bruit dans différents environnements.

Technologies de suppression du bruit : Les technologies de suppression du bruit, telles que les systèmes de cancelling de bruit actif et les bouchons d'oreille électroniques, peuvent être utilisées pour réduire les niveaux de bruit pour les individus.

Logiciels de contrôle du bruit : Les logiciels de contrôle du bruit peuvent être utilisés pour surveiller les niveaux de bruit dans différents environnements et ajuster automatiquement les niveaux sonores pour les rendre plus confortables.

Design sonore : Le design sonore peut être utilisé pour créer des environnements acoustiques confortables et fonctionnels en utilisant des techniques telles que l'absorption du son et la diffusion du son.

Robotique : La robotique peut être utilisée pour automatiser les tâches bruyantes, réduisant ainsi les niveaux de bruit pour les personnes qui travaillent ou vivent à côté.

En conclusion, les nouvelles technologies peuvent aider à améliorer la qualité de l'environnement sonore et à réduire les impacts négatifs du bruit sur la santé et le bien-être.
les nouvelles technologies peuvent aider à améliorer la qualité de l'environnement sonore et à réduire les impacts négatifs du bruit sur la santé et le bien-être.

4- La Pause un domaine important

Selon mon expérience il y a encore aujourd’hui des entreprises ou la pause est un mythe encore d’actualité, même lorsqu’elle est accordée est n’est pas effective. a cote de se phénomène il y a aussi l’absence des départs en congés dans les délais planifiés.

Oui, la pause peut être un défi dans certains environnements de travail. En plus des situations mentionnées ci-dessus, d'autres facteurs peuvent également influencer la qualité et l'efficacité des pauses :

Charge de travail : Une charge de travail excessive ou un manque de personnel peut empêcher les employés de prendre des pauses suffisantes ou de les prendre efficacement.

Culture d'entreprise : Certaines cultures d'entreprise peuvent décourager ou minimiser l'importance de la pause, encourageant les employés à se concentrer sur le travail plutôt que sur leur bien-être.

Environnement physique : Les environnements physiques peuvent également influencer la qualité des pauses, tels que les espaces de pause bondés, inappropriés ou peu attrayants.

Préoccupations financières : Les employés peuvent ne pas prendre de pauses suffisantes en raison de préoccupations financières, telles que le manque de temps pour se concentrer sur leurs finances ou des dépenses supplémentaires liées aux pauses.

Il est important de reconnaître les différents facteurs qui peuvent influencer la qualité et l'efficacité des pauses dans le cadre du travail et de prendre des mesures pour améliorer les conditions de travail pour les employés.

Les RH peuvent prendre les actions suivantes pour encourager et améliorer les pauses des employés :

Sensibilisation : Sensibiliser les employés à l'importance de la pause pour leur santé mentale et physique et à l'impact positif que cela peut avoir sur leur rendement au travail.

Évaluation des pratiques actuelles : Évaluer les pratiques actuelles en matière de pauses pour identifier les obstacles et les opportunités d'amélioration.

Création d'un environnement de pause favorable : Offrir des espaces de pause attrayants, confortables et calmes pour les employés.

Politiques de pause claires : Mettre en place des politiques de pause claires et garantir que les employés aient accès à des périodes de pause suffisantes et efficaces.

Incitation à la prise de pause : Inciter les employés à prendre des pauses régulières et à les utiliser pour se reposer et se détendre.

Formation pour les managers : Former les managers sur l'importance de la pause et sur les meilleures pratiques pour encourager et améliorer les pauses de leurs employés.

Surveiller et évaluer les résultats : Surveiller les pratiques en matière de pause pour évaluer les résultats et continuer à améliorer les conditions de travail pour les employés.

En somme, les RH peuvent jouer un rôle clé dans l'amélioration de la qualité et de l'efficacité des pauses pour les employés, en veillant à créer un environnement de travail favorable et en incitant les employés à prendre des pauses régulières et suffisantes.

Le rôle des managers dans la gestion des pauses des employés est crucial et peut inclure les actions suivantes:

Mettre en place des politiques de pause claires : Les managers peuvent établir des politiques de pause claires pour les employés, en veillant à ce que les pauses soient suffisantes et efficaces.

Encourager les pauses : Les managers peuvent encourager les employés à prendre des pauses régulières et à les utiliser pour se reposer et se détendre.

Fixer un bon exemple : Les managers peuvent fixer un bon exemple en prenant des pauses régulières eux-mêmes et en encourageant les employés à en faire autant.

Créer un environnement de pause favorable : Les managers peuvent offrir des espaces de pause attrayants, confortables et calmes pour les employés.

Évaluer les pratiques actuelles : Les managers peuvent évaluer les pratiques actuelles en matière de pauses pour identifier les obstacles et les opportunités d'amélioration.

Communiquer avec les employés : Les managers peuvent communiquer régulièrement avec les employés pour savoir comment ils se sentent et s'ils ont besoin d'une pause supplémentaire.

Surveiller les pratiques : Les managers peuvent surveiller les pratiques en matière de pause pour évaluer les résultats et continuer à améliorer les conditions de travail pour les employés.

En somme, les managers peuvent jouer un rôle clé dans la gestion des pauses des employés en mettant en place des politiques claires, en encourageant les pauses, en fixant un bon exemple, en créant un environnement de pause favorable et en évaluant et surveillant les pratiques en matière de pause.

5- Flexibilité :

La flexibilité et la maîtrise de la balance des émotions sont étroitement liées. Être flexible signifie être capable de s'adapter à des situations en constante évolution, de faire face à des défis inattendus, et de trouver des solutions créatives aux problèmes.

Cependant, si nous ne sommes pas en mesure de maîtriser nos émotions, il peut être difficile de maintenir cette flexibilité mentale. Nous pouvons nous sentir submergés par le stress, la colère ou la frustration, ce qui nous empêche de voir les choses de manière claire et objective.

En revanche, si nous sommes en mesure de gérer nos émotions, nous sommes plus aptes à faire preuve de flexibilité dans nos réactions face aux situations difficiles. Nous sommes capables de garder notre sang-froid, de prendre du recul, et de trouver des solutions créatives pour faire face aux défis.

La maîtrise de la balance des émotions nous permet également de faire preuve de flexibilité dans notre approche de la vie en général. Nous sommes plus ouverts d'esprit, plus résilients, et plus enclins à apprendre de nos erreurs.

La flexibilité et la maîtrise de la balance des émotions sont deux compétences qui se renforcent mutuellement. Lorsqu'elles sont combinées, elles permettent de développer une approche positive et constructive face aux défis de la vie, favorisant ainsi la réussite personnelle et professionnelle.

Que manquons nous a ne pas etre flexible dans ce cas de figure ?

Selon mon expérience de plus de 18 ans dans le monde professionnel et 10 ans de vie de couple, Si nous ne sommes pas flexibles dans notre approche, cela peut entraver notre capacité à réussir. Lorsque nous ne sommes pas en mesure de nous adapter aux changements et aux imprévus, nous risquons de stagner et de ne pas atteindre nos objectifs.

Par exemple, si nous avons un plan rigide pour atteindre un objectif, mais que des circonstances imprévues se présentent, comme un changement de situation ou une nouvelle opportunité, nous risquons de manquer des occasions importantes si nous ne sommes pas en mesure de nous adapter.

De plus, si nous ne sommes pas flexibles, nous pouvons devenir frustrés ou stressés lorsque les choses ne se déroulent pas comme nous le souhaitons, ce qui peut affecter négativement notre état émotionnel et notre santé mentale.

Être flexible nous permet de nous adapter aux changements et aux imprévus, de trouver des solutions créatives aux problèmes, et de maintenir une perspective positive en dépit des obstacles. Cela nous permet de nous ouvrir à de nouvelles opportunités, d'explorer de nouvelles idées, et d'atteindre nos objectifs avec succès.

En somme, la flexibilité est une compétence essentielle pour réussir dans un monde en constante évolution. Si nous ne sommes pas en mesure de nous adapter aux changements et aux imprévus, nous risquons de manquer des opportunités importantes et de limiter notre potentiel de réussite.

6- Collaboration

La collaboration est également un élément clé de l'équilibre émotionnel et de la réussite personnelle et professionnelle. Travailler en équipe nécessite de travailler en harmonie avec les autres, de communiquer efficacement, et de faire preuve d'empathie et de compréhension mutuelle.

La collaboration peut également être source de stress et de conflit, en particulier lorsque les membres de l'équipe ont des personnalités et des points de vue différents. C'est pourquoi il est essentiel d'avoir une maîtrise de la balance des émotions, afin de gérer les tensions et les conflits de manière constructive.

Lorsque nous sommes capables de gérer nos émotions, nous sommes mieux équipés pour travailler en collaboration avec les autres. Nous sommes en mesure de communiquer efficacement, d'exprimer nos idées de manière claire et concise, et d'écouter avec attention les idées des autres.

En outre, lorsque nous travaillons en collaboration avec les autres, cela peut renforcer notre propre équilibre émotionnel. Nous sommes en mesure de bénéficier du soutien et de la compréhension des autres, ce qui peut nous aider à gérer le stress et à maintenir une perspective positive.

En somme, la collaboration est un élément important de l'équilibre émotionnel et de la réussite. Elle nous permet de travailler en harmonie avec les autres, de communiquer efficacement, et de bénéficier du soutien des autres pour maintenir une perspective positive.

Toujours est-il que l'optimisation de l'environnement de travail pour améliorer la productivité doit être adapté aux besoins spécifiques de chaque entreprise et de ses employés. Il est donc important de consulter les employés pour mieux comprendre leurs besoins et leurs préférences.

Une vraie question se pose, Que peut engendrer un manque de collaboration dans la quête de la gestion de la balance émotionnelle ?

Un manque de collaboration peut entraver notre capacité à gérer notre équilibre émotionnel. Travailler en équipe nécessite de travailler en harmonie avec les autres, de communiquer efficacement, et de faire preuve d'empathie et de compréhension mutuelle.

Lorsqu'il y a un manque de collaboration, cela peut entraîner des tensions et des conflits au sein de l'équipe. Ces tensions peuvent déclencher des émotions négatives telles que la colère, la frustration et l'anxiété, qui peuvent perturber notre équilibre émotionnel.

De plus, si nous ne sommes pas en mesure de collaborer efficacement avec les autres, nous pouvons nous sentir isolés et incapables de bénéficier du soutien et de la compréhension des autres. Cela peut rendre plus difficile la gestion du stress et des émotions négatives.

En outre, si nous ne sommes pas en mesure de collaborer avec les autres, cela peut limiter notre capacité à apprendre et à grandir en tant qu'individu.

Travailler en équipe peut nous aider à voir les choses sous de nouveaux angles, à apprendre de nouvelles compétences et à développer notre sens de l'empathie et de la compréhension envers les autres.

En somme, un manque de collaboration peut entraver notre capacité à gérer notre équilibre émotionnel en créant des tensions et des conflits, en nous isolant des autres, et en limitant notre capacité à apprendre et à grandir en tant qu'individu. Travailler en équipe avec empathie, compréhension et communication efficace est donc crucial pour gérer notre équilibre émotionnel.

CHAPITRE 3
LA GESTION DU STRESS ET DE L'ANXIETE

La gestion du stress et de l'anxiété est un sujet crucial qui touche de nombreuses personnes dans le monde. Les niveaux élevés de stress et d'anxiété peuvent avoir un impact négatif sur la santé mentale et physique, ainsi que sur les relations professionnelles et personnelles. Cet ouvrage vise à fournir des techniques et des méthodes pour gérer efficacement le stress et l'anxiété afin de vous aider à améliorer votre qualité de vie.

Pour autant dire que La gestion du stress et de l'anxiété est un sujet complexe qui nécessite une approche globale. Il est important de comprendre les causes de votre stress et de votre anxiété, ainsi que les différents mécanismes de gestion disponibles. Dans cet ouvrage, nous allons explorer les différentes techniques de gestion du stress, tels que la respiration profonde, la méditation et la thérapie, ainsi que des méthodes pour gérer l'anxiété, telles que la thérapie cognitive comportementale.

Lorsque j'analyse ce chapitre 3, j'imagine combien la notion du stress est un sujet crucial que je dois transcrire en plusieurs partie pour la meilleure compréhension de mes lecteurs :

Comprendre le stress et l'anxiété - Ce chapitre pourrait couvrir les définitions du stress et de l'anxiété, les différentes causes et les symptômes associés.

Les effets du stress et de l'anxiété sur la santé - Ce chapitre pourrait couvrir les impacts physiques, mentaux et émotionnels du stress et de l'anxiété sur la santé.

Techniques de relaxation - Ce chapitre pourrait présenter différentes techniques de relaxation telles que la méditation, la respiration profonde et la visualisation.

Gestion du temps - Ce chapitre pourrait expliquer comment une mauvaise gestion du temps peut être une source de stress et comment les techniques de planification et d'organisation peuvent aider à réduire le stress.

Stratégies pour la résolution de problèmes - Ce chapitre pourrait présenter des stratégies pour résoudre les problèmes de manière constructive et efficace, ce qui peut réduire le stress et l'anxiété.

Alimentation et activité physique - Ce chapitre pourrait expliquer comment une alimentation saine et une activité physique régulière peuvent aider à réduire le stress et l'anxiété.

Les thérapies et les médicaments - Ce chapitre pourrait couvrir les différentes options thérapeutiques et médicamenteuses disponibles pour aider à gérer le stress et l'anxiété.

CHAPITRE 4
LES DOMAINES EMOTIONNELS

Voici quelques domaines importants qui sont abordés dans ce livre sur La Maîtrise de la Balance des Émotions pour Réussir :

1- Comprendre les émotions

Les émotions sont une partie essentielle de notre vie, mais souvent, nous ne comprenons pas comment elles fonctionnent et comment elles peuvent affecter notre comportement. Dans ce chapitre, nous allons explorer les différentes émotions, leurs causes et leurs effets sur notre vie professionnelle et personnelle. Nous allons apprendre à identifier les émotions, à comprendre ce qu'elles signifient et comment elles peuvent nous affecter.

2- Les avantages de la maîtrise des émotions

La maîtrise des émotions peut nous aider à améliorer notre bien-être mental, notre productivité, nos relations interpersonnelles, et notre capacité à gérer les situations stressantes. Dans ce chapitre, nous allons discuter des avantages de la maîtrise des émotions et de la manière dont elle peut nous aider à réussir dans tous les aspects de notre vie. Nous allons également discuter des différentes stratégies que nous pouvons utiliser pour améliorer notre maîtrise des émotions.

3- La gestion des émotions négatives

Les émotions négatives telles que la colère, la frustration, la tristesse et l'anxiété peuvent avoir un impact négatif sur notre vie. Dans ce chapitre, nous allons explorer des stratégies pour gérer ces émotions négatives et comment elles peuvent être utilisées pour améliorer notre bien-être. Nous allons également discuter des différentes techniques que nous pouvons utiliser pour éviter de laisser ces émotions nous submerger.

4- La communication émotionnelle

La communication émotionnelle est un aspect important de notre vie professionnelle et personnelle. Dans ce chapitre, nous allons discuter de la manière dont nous pouvons communiquer de manière efficace en utilisant les émotions pour transmettre des messages clairs et pour développer des relations interpersonnelles positives. Nous allons également explorer la manière dont nous pouvons utiliser la communication émotionnelle pour résoudre les conflits.

5- La résolution de conflits

Les conflits sont inévitables dans notre vie professionnelle et personnelle, mais la manière dont nous les gérons peut avoir un impact sur leur résolution. Dans ce chapitre, nous allons présenter des techniques pour résoudre les conflits de manière constructive, en utilisant la maîtrise des émotions pour éviter les escalades de conflits. Nous allons également discuter de la manière dont la résolution de conflits peut améliorer notre bien-être et nos relations interpersonnelles.

6- L'intelligence émotionnelle

L'intelligence émotionnelle est un concept qui a été développé pour décrire la capacité de comprendre et de gérer les émotions. Dans ce chapitre, nous allons discuter des différents aspects de l'intelligence émotionnelle, y compris l'auto-conscience, la régulation émotionnelle, l'empathie et les compétences sociales. Nous allons également expliquer comment l'intelligence émotionnelle peut nous aider à réussir dans notre vie professionnelle et personnelle.

L'intelligence émotionnelle peut se traduire dans tous les domaines de la vie, car elle concerne notre capacité à comprendre et à gérer nos propres émotions, ainsi que celles des autres. Dans notre vie professionnelle, l'intelligence émotionnelle peut nous aider à communiquer efficacement avec nos collègues et nos clients, à gérer le stress et les conflits, à motiver les autres et à travailler en équipe. Cela peut améliorer notre productivité, notre satisfaction au travail et nos perspectives de carrière.

Dans notre vie personnelle, l'intelligence émotionnelle peut nous aider à améliorer nos relations interpersonnelles, à mieux comprendre et à gérer nos propres émotions, à communiquer efficacement avec les autres et à résoudre les conflits de manière constructive. Cela peut améliorer notre bien-être mental et émotionnel, nos relations familiales et sociales, et notre capacité à gérer les situations difficiles de la vie.

En somme, l'intelligence émotionnelle est un concept clé qui peut avoir un impact significatif dans tous les domaines de la vie. En comprenant et en développant notre intelligence émotionnelle, nous pouvons améliorer notre capacité à gérer nos émotions, à communiquer efficacement avec les autres, à résoudre les conflits et à réussir dans notre vie professionnelle et personnelle.

Conclusion Optimisation de la productivité au travail: En conclusion, l'optimisation de la productivité est un sujet complexe qui comprend de nombreux facteurs. Cependant, en utilisant les techniques et les méthodes discutées dans cet ouvrage, vous pouvez améliorer significativement votre productivité au travail. Il est important de se rappeler que la productivité est un processus en constante évolution et qu'il est nécessaire de continuer à apprendre et à s'adapter aux changements. Il est également important de se rappeler que l'optimisation de la productivité ne se limite pas aux seuls outils technologiques, mais comprend également l'organisation, la gestion des distractions et l'adoption de bonnes habitudes de travail. En suivant les principes énoncés dans cet ouvrage, vous pouvez améliorer votre productivité de manière significative et atteindre vos objectifs professionnels plus rapidement et plus efficacement. Il est important de continuer à apprendre et à s'adapter aux changements pour maintenir une productivité élevée. Enfin, il est également important de se rappeler que la productivité ne doit pas être utilisée au détriment de notre bien-être personnel et il est important de trouver un équilibre entre les exigences professionnelles et la qualité de vie personnelle. En utilisant les techniques et les méthodes discutées dans cet ouvrage, vous pouvez augmenter votre productivité tout en préservant votre santé mentale et physique.

En outre, il est important de noter que l'optimisation de la productivité ne se limite pas uniquement à l'environnement de travail, mais doit également prendre en compte les facteurs personnels tels que les habitudes de sommeil, l'exercice et l'alimentation. Une bonne hygiène de vie peut avoir un impact significatif sur notre capacité à rester concentré et productif tout au long de la journée. Il est également important de prendre en compte les différents styles d'apprentissage et de travail, car ce qui fonctionne pour une personne ne fonctionnera pas nécessairement pour une autre. Il est donc important de s'informer sur les différentes méthodes d'optimisation de la productivité et de les tester pour voir ce qui fonctionne le mieux pour vous.

Enfin, il est important de noter que l'optimisation de la productivité ne doit pas être vue comme un processus de courte durée, mais plutôt comme un processus continu. Il est important de continuer à apprendre et à s'adapter aux changements pour maintenir une productivité élevée. Il est également important de se rappeler que la productivité ne doit pas être utilisée au détriment de notre bien-être personnel et il est important de trouver un équilibre entre les exigences professionnelles et la qualité de vie personnelle. En résumé, l'optimisation de la productivité est un sujet complexe qui comprend de nombreux facteurs, mais en suivant les principes énoncés dans cet ouvrage, vous pouvez améliorer significativement votre productivité au travail et atteindre vos objectifs professionnels plus rapidement et plus efficacement.

DEUXIEME PARTIE

LA MEDITATION ET LA MINDFULNESS

Aussi vrais que la méditation et la mindfulness sont des pratiques qui ont gagné en popularité ces dernières années en raison de leurs bienfaits sur la santé mentale et physique. La **méditation** et la **mindfulness** peuvent aider à réduire le stress, l'anxiété, la dépression et à améliorer la concentration, la clarté mentale et la qualité de sommeil. Cet ouvrage vise à fournir des informations détaillées sur les différentes techniques de méditation et de mindfulness, ainsi que les bienfaits qu'elles peuvent apporter.

La Mindfulness ou méditation informelle par définition, est aussi appelée pleine présence ou pleine conscience, peut également être vécue de façon plus informelle, c'est-à-dire sans nécessairement prendre un temps d'arrêt en position assise, couchée ou debout pour méditer.

a1- La méditation et la mindfulness sont des pratiques anciennes qui ont été utilisées pendant des siècles pour améliorer la santé mentale et physique. Ces pratiques consistent à concentrer son attention sur l'instant présent, à calmer son esprit et à se détendre. Dans cet ouvrage, nous allons explorer les différentes techniques de méditation, telles que la méditation de pleine conscience, la méditation de la respiration et la méditation transcendantale, ainsi que les différentes applications de la mindfulness dans la vie quotidienne.

Cette deuxième partie concerne tous ceux qui cherchent à améliorer leur bien-être en utilisant la méditation et la mindfulness. Nous espérons que les informations et les techniques contenues dans cet ouvrage vous aideront à vous sentir plus en paix, plus en sécurité et plus en contrôle de votre vie.

La Question du comment la méditation peut-elle contribuer dans la gestion de la balance des émotions pour réussir ?

Je dirais que la méditation est une pratique ancienne qui peut contribuer à la gestion de la balance des émotions et à la réussite dans la vie professionnelle et personnelle. La méditation est un moyen efficace pour calmer l'esprit et réduire le stress et l'anxiété, qui peuvent affecter négativement notre capacité à gérer nos émotions et à réussir dans la vie.

En méditant régulièrement, nous pouvons améliorer notre capacité à être conscients de nos pensées et émotions, à les observer sans jugement et à les laisser passer sans réagir de manière excessive. Cela peut aider à réduire le stress, l'anxiété et la colère, et à développer une plus grande stabilité émotionnelle et une plus grande résilience.

En outre, la méditation peut aider à développer une plus grande conscience de soi et une plus grande compassion pour les autres, ce qui peut améliorer nos relations interpersonnelles et notre capacité à travailler en équipe. Cela peut également aider à améliorer notre concentration et notre productivité, ce qui peut nous aider à réussir dans notre vie professionnelle.

En somme, la méditation est une pratique qui peut contribuer à la gestion de la balance des émotions et à la réussite dans tous les domaines de la vie en nous aidant à réduire le stress, à améliorer notre stabilité émotionnelle, notre conscience de soi, notre compassion pour les autres, notre concentration et notre productivité.

Apres avoir tirer quelques lecons sur la meditation je reste a ma soiffe, et la question qui me vient a l'esprit est : Comment La méditation peut-être un moyen efficace pour calmer l'esprit et réduire le stress et l'anxiété ?

J'imagine que la méditation peut être un moyen efficace pour calmer l'esprit et réduire le stress et l'anxiété car elle permet de se concentrer sur le moment présent, en éliminant les distractions et les pensées négatives qui peuvent perturber notre paix intérieure.

Lorsque nous méditons, nous nous concentrons sur notre respiration et nous observons nos pensées et nos émotions sans jugement, simplement en les laissant passer. Cette pratique nous aide à développer une plus grande conscience de notre propre état mental et émotionnel, ce qui peut nous aider à mieux comprendre notre propre fonctionnement et à mieux gérer nos émotions.

En réduisant le stress et l'anxiété, la méditation peut également améliorer notre bien-être mental et physique, en réduisant les niveaux de cortisol (hormone du stress) et en améliorant notre système immunitaire.

La méditation peut être un moyen efficace pour calmer l'esprit et réduire le stress et l'anxiété, en nous aidant à développer une plus grande conscience de nous-mêmes et à mieux gérer nos émotions. Cela peut avoir un impact positif sur notre bien-être mental et physique, ainsi que sur notre capacité à réussir dans notre vie professionnelle et personnelle.

Pourquoi en réalité d'après toi, la méditation peut aider à développer une plus grande conscience de soi et une plus grande compassion pour les autres ?

Selon mon analyse, La méditation peut aider à développer une plus grande conscience de soi et une plus grande compassion pour les autres en nous aidant à mieux comprendre notre propre fonctionnement mental et émotionnel, ainsi que celui des autres.

Lorsque nous méditons, nous apprenons à observer nos pensées, nos émotions et nos sensations corporelles sans les juger ni les critiquer. Cette pratique nous aide à développer une plus grande conscience de notre propre état mental et émotionnel, ainsi qu'à mieux comprendre la nature de nos pensées et de nos émotions. Cette prise de conscience peut nous aider à mieux comprendre nos propres réactions face aux événements de la vie et à mieux gérer nos émotions.

La méditation peut également nous aider à cultiver la compassion pour les autres en nous aidant à développer une plus grande empathie. En observant nos propres émotions et pensées sans jugement, nous apprenons à mieux comprendre la nature humaine et à ressentir une plus grande compassion pour les autres. Cette pratique peut nous aider à développer une plus grande capacité à nous mettre à la place des autres et à mieux comprendre leurs pensées et leurs émotions, ce qui peut améliorer nos relations interpersonnelles.

En somme, la méditation peut aider à développer une plus grande conscience de soi et une plus grande compassion pour les autres en nous aidant à mieux comprendre notre propre fonctionnement mental et émotionnel, ainsi que celui des autres. Cette prise de conscience peut nous aider à mieux gérer nos émotions et à améliorer nos relations interpersonnelles.

LES MILIEUX CULTURES DIVERGENTS

La méditation peut être pratiquée dans différents milieux culturels et sociaux, car elle est une pratique universelle qui peut être adaptée à différentes croyances et traditions. Bien que les formes de méditation puissent varier selon les cultures, le concept de développer une plus grande conscience de soi et une plus grande compassion pour les autres est présent dans de nombreuses traditions spirituelles et philosophiques.

Dans certaines cultures orientales, la méditation est intégrée dans les pratiques religieuses, tandis que dans d'autres cultures occidentales, elle est souvent considérée comme une pratique de bien-être personnel. Cependant, quelle que soit la manière dont elle est pratiquée, la méditation peut aider les individus à mieux se comprendre et à développer une plus grande compassion pour les autres, indépendamment de leur contexte culturel.

Il est important de noter que la méditation n'est pas une pratique magique qui résout tous les problèmes. Elle peut être un outil utile pour la gestion des émotions et le développement personnel, mais elle doit être pratiquée régulièrement pour obtenir des résultats significatifs. En outre, il est important de consulter un professionnel de la santé mentale pour toute question de santé mentale et de bien-être.

CHAPITRE 1

LES PIEGES DES EMOTIONS

Les pièges des émotions sont les pensées et les réactions automatiques que nous avons face à des situations stressantes ou difficiles. Ces réactions peuvent inclure la colère, la peur, la tristesse, la frustration, la jalousie, l'envie et bien d'autres émotions négatives.

Ces pièges peuvent avoir des conséquences négatives sur notre vie personnelle et professionnelle. Par exemple, la colère peut nous amener à réagir de manière impulsive, ce qui peut nuire à nos relations avec les autres. La peur peut nous empêcher de prendre des risques, ce qui peut nous empêcher de réaliser nos objectifs. La tristesse peut nous amener à nous replier sur nous-mêmes, ce qui peut entraîner un isolement social.

En outre, ces émotions négatives peuvent également avoir des effets néfastes sur notre santé physique et mentale. Le stress chronique peut entraîner une hypertension artérielle, des maladies cardiovasculaires, des problèmes gastro-intestinaux, une dépression et d'autres problèmes de santé.

C'est pourquoi il est important de comprendre les pièges des émotions et d'apprendre à les gérer de manière constructive. La pratique de la méditation, l'exercice physique, la respiration profonde et d'autres techniques peuvent aider à gérer les émotions négatives et à développer une plus grande conscience de soi et une plus grande résilience émotionnelle.

A- LES THERAPIES POUR SORTIR DES PIEGES DES EMOTIONS

Accompagner du thérapeute :

Pour sortir des pièges des émotions en un mois, une thérapie cognitive-comportementale (TCC) peut être une solution efficace. Cette approche thérapeutique est basée sur la modification des pensées et des comportements qui contribuent aux émotions négatives et au stress.

En TCC, le thérapeute travaille avec le patient pour identifier les pensées et les croyances qui contribuent aux émotions négatives, telles que les pensées catastrophiques ou la rumination. Le patient apprend ensuite à modifier ces pensées en les remplaçant par des pensées plus constructives et réalistes.

En outre, la TCC utilise également des techniques telles que l'exposition graduée pour aider le patient à affronter les situations qui déclenchent les émotions négatives. Cela peut aider le patient à développer une plus grande confiance en soi et une plus grande résilience émotionnelle.

Il est important de noter que la TCC est une thérapie brève et orientée vers l'action, ce qui signifie qu'elle peut produire des résultats rapides en seulement quelques semaines ou quelques mois de thérapie régulière. Toutefois, il est également important de poursuivre les pratiques et les techniques apprises après la fin de la thérapie pour maintenir une bonne santé émotionnelle à long terme.

Sans thérapeute :

Oui, il est possible de travailler sur la gestion des émotions et la gestion du stress seul, sans l'aide d'un thérapeute. Cependant, il peut être utile de chercher des ressources en ligne ou des livres pour apprendre des techniques et des stratégies pour gérer les émotions.

La pratique régulière de la méditation, de la respiration profonde, de l'exercice physique et d'autres techniques peut aider à gérer les émotions négatives et à développer une plus grande conscience de soi et une plus grande résilience émotionnelle.

Il est également important de prendre soin de soi en ayant une alimentation saine et en évitant les comportements qui peuvent aggraver les émotions négatives, tels que la consommation d'alcool ou de drogues.

Cependant, si les émotions négatives sont très intenses ou perturbent grandement la vie quotidienne, il peut être utile de consulter un professionnel de la santé mentale pour obtenir une aide supplémentaire.

B- EXEMPLES DE PERSONNES QUI ONT ECHOUE EN RAISON D'UNE MAUVAISE GESTION DE LEUR BALANCE EMOTIONNELLE

Les leaders autoritaires : Les dirigeants qui sont trop autoritaires et qui ont du mal à gérer leurs émotions peuvent être très difficiles à travailler. Ils peuvent avoir des sautes d'humeur imprévisibles et des réactions excessives à des situations mineures, ce qui peut créer un environnement de travail stressant et instable.

Les personnes qui évitent les conflits : Les personnes qui ont du mal à gérer les conflits peuvent avoir des difficultés à s'affirmer et à défendre leurs intérêts. Cela peut les amener à éviter les situations difficiles ou à adopter une approche passive-agressive, ce qui peut nuire à leurs relations personnelles et professionnelles.

Les personnes qui sont constamment stressées : Les personnes qui ne sont pas en mesure de gérer leur stress peuvent être submergées par leurs émotions négatives. Cela peut entraîner une anxiété excessive, une fatigue chronique et une baisse de productivité au travail.

Les personnes qui ont du mal à s'adapter au changement : Les personnes qui ont du mal à gérer les changements peuvent avoir du mal à s'adapter aux nouvelles situations. Cela peut les amener à se sentir dépassées ou incapables de faire face à de nouveaux défis, ce qui peut limiter leurs opportunités de réussite.

Les personnes qui ont du mal à accepter la critique : Les personnes qui ont du mal à gérer leur ego peuvent avoir des difficultés à accepter la critique ou les feedbacks constructifs. Cela peut les amener à se fermer aux commentaires des autres, ce qui peut les empêcher de s'améliorer et de se développer.

Une mauvaise gestion des émotions peut avoir des conséquences néfastes sur la vie professionnelle et personnelle. C'est pourquoi il est important d'apprendre à gérer ses émotions de manière efficace et constructive.

CHAPITRE 2

LA MAÎTRISE DE LA BALANCE DES ÉMOTIONS POUR RÉUSSIR
CHEZ LES HOMMES, FEMMES, ENFANTS COMMENT CELA SE PASSE-T-ELLE ?

La maîtrise de la balance des émotions est importante pour réussir dans tous les aspects de la vie, quel que soit le sexe ou l'âge. Les hommes, les femmes et les enfants peuvent tous bénéficier de la gestion efficace de leurs émotions pour atteindre leurs objectifs et vivre une vie épanouissante.

Chez les adultes, la maîtrise de la balance des émotions peut les aider à réussir dans leur vie professionnelle en leur permettant de gérer efficacement le stress, les conflits et les relations interpersonnelles. Les personnes qui ont une bonne maîtrise de leurs émotions sont souvent plus productives, plus créatives et plus résilientes face aux défis professionnels.

Chez les enfants, l'apprentissage de la maîtrise de la balance des émotions peut les aider à mieux gérer leurs relations avec les autres, à développer une plus grande confiance en eux et à mieux gérer les défis de la vie quotidienne. Les enfants qui sont capables de gérer leurs émotions ont également tendance à être plus concentrés et à mieux réussir à l'école.

En ce qui concerne les différences de genre, il est généralement admis que les femmes ont tendance à être plus expressives et à exprimer leurs émotions plus facilement que les hommes. Cependant, cela ne signifie pas que les femmes sont meilleures que les hommes dans la gestion de leurs émotions. Les hommes peuvent également bénéficier de l'apprentissage de la maîtrise de leurs émotions, en particulier dans les situations où la maîtrise de soi est nécessaire, comme dans les situations de conflit ou de négociation.

La maîtrise de la balance des émotions est importante pour tous les individus, quel que soit leur sexe ou leur âge. Cela peut aider à améliorer la qualité de vie, les relations interpersonnelles et le succès professionnel.

CHEZ LES PERSONNES AGÉES

Chez les personnes âgées, il est tout aussi important de travailler sur la maîtrise de la balance des émotions pour leur bien-être mental et physique. Cependant, les approches peuvent varier en fonction des capacités physiques et cognitives de chaque individu.

Voici quelques approches qui peuvent être adaptées pour les personnes âgées :

La pratique de la méditation : la méditation peut aider les personnes âgées à se recentrer, à se calmer et à réduire le stress. Il est important de choisir des pratiques adaptées à leurs capacités physiques, telles que la méditation assise ou la méditation guidée.

L'exercice physique : l'exercice physique peut aider à réduire le stress et l'anxiété, ainsi qu'à améliorer l'humeur et la santé physique. Des activités douces comme la marche, la natation ou le yoga peuvent être bénéfiques pour les personnes âgées.

La respiration profonde : la respiration profonde peut aider à réduire le stress et l'anxiété en activant le système nerveux parasympathique. Les personnes âgées peuvent apprendre des techniques de respiration simples pour les aider à se calmer en cas de stress ou d'anxiété.

La thérapie : les thérapies comme la thérapie cognitivo-comportementale (TCC) peuvent aider les personnes âgées à identifier et à changer les schémas de pensée négatifs qui contribuent à l'anxiété et à la dépression.

Il est important de noter que chaque individu est différent et que les approches doivent être adaptées à leurs capacités et besoins spécifiques. Si une personne âgée est confrontée à des problèmes de santé mentale importants, il est recommandé de consulter un professionnel de la santé mentale pour obtenir une évaluation et des recommandations appropriées.

CHEZ LES COUPLES

La gestion de la balance des émotions peut être particulièrement importante pour les couples, car les relations intimes peuvent être source de stress et d'émotions fortes. Voici quelques façons dont les couples peuvent travailler ensemble pour mieux gérer leurs émotions :

Communication : La communication est essentielle pour gérer les émotions dans une relation. Les couples devraient se concentrer sur la communication non violente, en exprimant leurs sentiments de manière claire et en écoutant activement leur partenaire.

Pratique de la pleine conscience : La pratique de la pleine conscience peut aider les couples à être plus conscients de leurs émotions et à mieux les gérer. Des activités comme la méditation en pleine conscience peuvent aider les couples à être plus présents et à réduire le stress.

Établir des limites : Les couples devraient discuter de leurs limites et de leurs besoins émotionnels. En établissant des limites claires, les couples peuvent éviter les situations stressantes ou traumatisantes et maintenir un environnement sain et sûr.

Travailler ensemble : Les couples devraient travailler ensemble pour gérer les émotions et éviter les conflits. En trouvant des solutions mutuellement bénéfiques aux problèmes émotionnels, les couples peuvent renforcer leur relation et mieux gérer les situations stressantes.

La maîtrise de la balance des émotions peut être cruciale pour les couples, quels que soient leur âge, leur genre ou leur orientation sexuelle. Les couples peuvent travailler ensemble en utilisant la communication, la pleine conscience, l'établissement de limites et la collaboration pour mieux gérer leurs émotions et maintenir une relation saine et épanouissante.

CHAPITRE 3

LA MAÎTRISE DE LA BALANCE DES ÉMOTIONS POUR RÉUSSIR, solution pour les problèmes de race, d'ethnique etc...

La maîtrise de la balance des émotions peut certainement aider à résoudre les problèmes liés à la race, l'ethnicité et d'autres problèmes sociaux similaires. En développant une plus grande conscience de soi et une plus grande compassion pour les autres, nous sommes mieux en mesure de comprendre les préjugés et les stéréotypes qui peuvent causer des tensions et des conflits entre les groupes.

En apprenant à gérer les émotions négatives, telles que la colère, la peur et la frustration, nous pouvons mieux gérer les conflits interpersonnels et intergroupes. Nous pouvons également apprendre à communiquer de manière plus efficace et empathique, ce qui peut aider à construire des ponts entre les différentes communautés et à favoriser une compréhension mutuelle.

Il est important de noter que la maîtrise de la balance des émotions ne peut pas résoudre tous les problèmes sociaux, mais c'est une étape importante dans la bonne direction. Il est également important de travailler ensemble en tant que communauté pour aborder ces problèmes et trouver des solutions durables.

Peut-on dire que nous pouvons échouer en ayant de tel comportement racial ou ethnique dans la gestion de la balance émotionnelle pour réussir

Adopter des comportements ou des attitudes discriminatoires basées sur la race ou l'ethnicité peut nuire à notre bien-être émotionnel et donc affecter notre réussite, la réponse est oui.

La discrimination raciale ou ethnique est préjudiciable à la santé mentale et émotionnelle de ceux qui en sont victimes, ainsi qu'à celle des auteurs de la discrimination. La discrimination peut causer des niveaux élevés de stress, d'anxiété, de dépression et de colère chez les victimes, tandis que les auteurs de la discrimination peuvent ressentir de la culpabilité, de l'anxiété et une diminution de leur bien-être émotionnel.

Il est important de comprendre que la discrimination ne fait pas seulement du mal à la victime, mais elle peut aussi avoir un effet négatif sur ceux qui pratiquent la discrimination. Il est donc important d'adopter des comportements respectueux envers les autres, indépendamment de leur race ou de leur origine ethnique, afin de préserver notre propre santé mentale et émotionnelle.

En résumé, adopter des comportements discriminatoires peut affecter notre bien-être émotionnel et nuire à notre réussite. Il est important de faire preuve de respect et de tolérance envers les autres, indépendamment de leur race ou de leur origine ethnique, afin de maintenir notre propre santé mentale et émotionnelle et de favoriser la réussite collective.

CHAPITRE 4

QUELLES SONT LES SOLUTIONS PROPOSE POUR RESOUDRE CES CAS DE FIGURE DISCRIMINATOIRE DANS NOTRE TEMPS PAR RAPPORT A NOTRE THEME ?

Éduquer et sensibiliser : Il est important d'éduquer les gens sur les effets préjudiciables de la discrimination et de promouvoir une meilleure compréhension des différences culturelles. L'éducation doit être axée sur l'acceptation de la diversité et la reconnaissance de la valeur de chaque individu, indépendamment de sa race ou de son origine ethnique.

Élaborer des politiques anti-discrimination : Les gouvernements, les organisations et les entreprises doivent élaborer et appliquer des politiques et des procédures qui protègent contre la discrimination raciale et ethnique. Les politiques doivent être claires et accessibles à tous, avec des sanctions appropriées pour ceux qui ne les respectent pas.

Promouvoir la diversité et l'inclusion : Les entreprises et les organisations doivent encourager la diversité et l'inclusion en embauchant des personnes de différents horizons et en créant un environnement de travail inclusif. Cela peut également être appliqué à d'autres domaines tels que la politique, l'éducation, etc.

Encourager le dialogue interculturel : Il est important de favoriser les échanges et les dialogues entre les différentes communautés afin de promouvoir une compréhension mutuelle et d'éviter les stéréotypes négatifs.

Lutter contre les préjugés inconscients : Les préjugés inconscients peuvent influencer les décisions que nous prenons sans même que nous en soyons conscients. Il est donc important de prendre conscience de ces préjugés et de travailler à les surmonter.

Soutenir les victimes de discrimination : Les victimes de discrimination ont besoin de soutien et de ressources pour faire face aux effets préjudiciables de la discrimination. Les gouvernements et les organisations doivent fournir des ressources pour aider les victimes à signaler les cas de discrimination et à obtenir de l'aide.

La lutte contre la discrimination raciale et ethnique nécessite des efforts à plusieurs niveaux. Il est important de sensibiliser, de promouvoir l'inclusion, de favoriser le dialogue, de lutter contre les préjugés et de soutenir les victimes. Cela ne se fera pas du jour au lendemain, mais avec un engagement constant, il est possible de construire un monde plus juste et plus équitable pour tous.

Pensons-nous que la gestion de la balance émotionnelle peut-elle aider à la gestion de la corruption dans le monde ?

Il est possible que la gestion de la balance émotionnelle puisse aider à la gestion de la corruption dans le monde, mais ce n'est pas une solution unique et complète pour résoudre un problème aussi complexe et profondément enraciné.

La corruption est un problème multifacette qui peut être alimenté par de nombreux facteurs tels que la pauvreté, le manque de transparence et de responsabilité, la faiblesse des institutions, etc. Cela dit, la gestion de la balance émotionnelle peut être une partie de la solution pour lutter contre la corruption.

La corruption peut souvent être alimentée par des émotions telles que la cupidité, le pouvoir et l'égoïsme. Si les individus impliqués dans des actes de corruption apprennent à gérer ces émotions et à développer des comportements plus éthiques, cela pourrait réduire la fréquence de la corruption.

En outre, la gestion de la balance émotionnelle peut également être utile pour aider les personnes à résister aux pressions et aux tentations qui peuvent les pousser à se livrer à des actes de corruption. Les personnes qui sont capables de gérer leurs émotions sont plus susceptibles de prendre des décisions éthiques, même lorsqu'elles sont confrontées à des pressions extérieures.

Cependant, il est important de souligner que la gestion de la balance émotionnelle seule ne suffira pas à résoudre le problème de la corruption. Il est également nécessaire de mettre en place des politiques et des institutions solides pour lutter contre la corruption et d'encourager la transparence, la responsabilité et l'éthique dans les pratiques commerciales et gouvernementales.

En résumé, la gestion de la balance émotionnelle peut jouer un rôle dans la lutte contre la corruption en aidant les individus à gérer leurs émotions et à prendre des décisions éthiques. Cependant, cela doit être accompagné de politiques et d'institutions solides pour avoir un impact significatif.

CHAPITRE 5

Ce livre sur la gestion de la balance émotionnelle pour réussir peut également être utile pour aider les personnes à résister aux pressions et aux tentations qui peuvent les pousser à se livrer à des actes de corruption.

Il peut être utile pour aider les personnes à résister aux pressions et aux tentations qui peuvent les pousser à se livrer à des actes de corruption en fournissant des outils pratiques pour gérer les émotions.

Les personnes qui ont une meilleure compréhension de leurs propres émotions et de celles des autres sont plus susceptibles de prendre des décisions éthiques. Ce livre peut aider les lecteurs à développer leur intelligence émotionnelle, à reconnaître leurs propres émotions et à comprendre comment celles-ci peuvent affecter leur jugement. Les lecteurs peuvent également apprendre à reconnaître les émotions des autres, ce qui peut leur permettre de mieux gérer les interactions sociales et les relations professionnelles.

En outre, ce livre peut fournir des conseils pratiques pour aider les lecteurs à faire face aux pressions et aux tentations qui peuvent les pousser à se livrer à des actes de corruption. Les techniques de gestion du stress, telles que la méditation et la respiration profonde, peuvent aider les lecteurs à gérer leur anxiété et à prendre des décisions plus réfléchies. Les stratégies de résolution de problèmes peuvent aider les lecteurs à trouver des solutions alternatives à la corruption et à faire face aux défis de manière plus constructive.

Ce livre sur la balance émotionnelle peut fournir des outils pratiques pour aider les lecteurs à gérer leurs émotions, à prendre des décisions éthiques et à faire face aux pressions et aux tentations qui peuvent les pousser à se livrer à des actes de corruption. Cela peut aider à créer un environnement plus éthique et responsable dans les pratiques commerciales et gouvernementales."

A- PRENDRE DES DESCISIONS ETHYQUES

Prendre des décisions éthiques peut être un défi, car cela implique de considérer non seulement les résultats attendus d'une décision, mais aussi les conséquences éthiques de celle-ci. Voici quelques outils qui peuvent aider à prendre des décisions éthiques :

- Clarifiez les valeurs personnelles : Avant de prendre une décision, il est important de réfléchir à ses propres valeurs et à ce qui est important pour soi. Les valeurs peuvent servir de guide pour prendre des décisions qui sont en accord avec les principes éthiques.

- Recherchez les faits : Il est important de prendre en compte tous les faits pertinents lors de la prise de décision. Cela peut impliquer de faire des recherches approfondies pour comprendre les implications d'une décision.

- Considérez les conséquences : Avant de prendre une décision, il est important de considérer les conséquences de cette décision pour soi, pour les autres et pour la société en général.

- Consultez les parties prenantes : Lorsque cela est possible, il peut être utile de consulter les parties prenantes concernées par la décision afin de comprendre leurs points de vue et d'intégrer leurs préoccupations dans la prise de décision.

- Utilisez des cadres éthiques : Il existe différents cadres éthiques, tels que le principe de bienfaisance, le principe de non-malfaisance, le principe de justice, qui peuvent aider à guider la prise de décision éthique.

- Soyez ouvert aux critiques : Lorsque l'on prend une décision éthique, il est important d'être ouvert aux critiques et de les considérer comme des occasions d'apprendre et de s'améliorer.

C'est pourquoi, la prise de décision éthique peut être facilitée en clarifiant ses valeurs, en recherchant les faits pertinents, en considérant les conséquences, en consultant les parties prenantes, en utilisant des cadres éthiques et en étant ouvert aux critiques.

Ainsi il est important de voir les choses en deux étapes :

Étape 1 : Dans un monde où la corruption est encore trop présente dans de nombreux domaines de la vie professionnelle et politique, la gestion de la balance émotionnelle peut être un outil puissant pour aider à prévenir ces comportements déviants.

Étape 2 : En développant une meilleure compréhension de nos propres émotions et de celles des autres, en apprenant à gérer notre stress et à prendre des décisions éthiques, nous pouvons tous contribuer à créer un environnement plus éthique et responsable dans les pratiques commerciales et gouvernementales. La gestion de la balance émotionnelle peut donc jouer un rôle important dans la lutte contre la corruption, en aidant les individus à résister aux pressions et aux tentations qui les poussent à se livrer à des actes de corruption.

les méthodes discutées dans cet ouvrage, vous pouvez réduire considérablement votre stress et votre anxiété et améliorer votre qualité de vie globale.

En outre, il est important de noter que la gestion du stress et de l'anxiété ne peut pas être résolue en un jour, il s'agit d'un processus continu qui nécessite de la persévérance et de la détermination. Il est également important de ne pas être trop dur envers soi-même et de se rappeler que tout le monde fait face à des niveaux de stress et d'anxiété différents. Il est donc important de parler à des professionnels de la santé mentale si vous avez des difficultés à gérer votre stress et votre anxiété de manière efficace. En utilisant les techniques et les méthodes discutées dans cet ouvrage, en combinaison avec l'aide professionnelle, vous pouvez réduire considérablement votre stress et votre anxiété et améliorer votre qualité de vie globale.

CONCLUSION

Voici une conclusion active pour le livre sur le thème "La maîtrise de la balance des émotions pour réussir" :

En conclusion, la maîtrise de la balance des émotions est une compétence clé pour réussir dans tous les domaines de la vie. Ce livre a montré comment développer cette compétence en apprenant à identifier, comprendre et gérer nos émotions, ainsi qu'en utilisant des techniques de régulation émotionnelle pour rester calme et concentré dans des situations stressantes.

En maîtrisant notre balance émotionnelle, nous pouvons améliorer notre bien-être, notre relation avec les autres, notre productivité et notre réussite. En effet, en étant capable de contrôler nos émotions, nous pouvons prendre de meilleures décisions, mieux gérer les conflits et les négociations, être plus créatifs et résilients, et atteindre nos objectifs professionnels et personnels.

En fin de compte, la maîtrise de la balance des émotions est une compétence qui peut être acquise et améliorée avec la pratique et la persévérance. En utilisant les outils et les techniques présentés dans ce livre, nous pouvons tous développer notre intelligence émotionnelle et atteindre le succès que nous méritons.

LA MAÎTRISE DE LA BALANCE DES ÉMOTIONS POUR RÉUSSIR, proposition d'un plan d'action pour vous sortir des échecs.

Voici un exemple de calendrier d'exercice sur deux semaines.

Plan d'action pour sortir de l'échec émotionnel :

Identifier les émotions négatives : La première étape consiste à identifier les émotions négatives qui vous empêchent de réussir. Prenez le temps de réfléchir aux émotions que vous ressentez lorsque vous rencontrez des difficultés et notez-les.

Pratiquer la régulation émotionnelle : Utilisez des techniques de régulation émotionnelle pour gérer vos émotions négatives. Par exemple, pratiquez la respiration profonde, la méditation, ou la visualisation positive.

Développer l'empathie : Apprenez à comprendre les émotions des autres pour mieux gérer les relations et les conflits. Pratiquez l'écoute active et essayez de voir les choses du point de vue de l'autre personne.

Prendre des décisions éthiques : Prenez des décisions éthiques en réfléchissant aux conséquences de vos actions sur les autres et en évitant les choix qui pourraient nuire aux autres.

Se fixer des objectifs réalistes : Fixez-vous des objectifs réalistes et réalisables, et suivez votre progression pour rester motivé et sur la bonne voie.

Calendrier d'exercices sur deux semaines :

Semaine 1 :

Jour 1 : Identifiez vos émotions négatives et notez-les dans un journal.

Jour 2 : Pratiquez la respiration profonde pendant 5 minutes.

Jour 3 : Faites une liste des personnes avec lesquelles vous avez des relations tendues et réfléchissez à leur point de vue.

Jour 4 : Prenez une décision éthique difficile et notez les raisons de votre choix.

Jour 5 : Fixez-vous un objectif réalisable pour la semaine prochaine.

Semaine 2 :

Jour 1 : Écrivez une liste de choses pour lesquelles vous êtes reconnaissant.

Jour 2 : Pratiquez la méditation pendant 10 minutes.

Jour 3 : Essayez de résoudre un conflit avec quelqu'un en utilisant l'empathie.

Jour 4 : Évitez de prendre une décision basée sur des émotions fortes et réfléchissez-y plus tard.

Jour 5 : Fêtez votre réussite en atteignant votre objectif de la semaine dernière. Fixez-vous un nouvel objectif pour la semaine prochaine.

Ces exercices sont conçus pour vous aider à améliorer votre gestion émotionnelle et à vous mettre sur la voie du succès. N'oubliez pas que la pratique régulière est la clé pour maîtriser la balance des émotions et réussir.

GUIDE D'EVALUATION DE VOTRE PROGRESSION

Pour évaluer ce plan semaine après semaine, vous pouvez tenir un journal de bord dans lequel vous notez votre ressenti, vos observations, vos réussites et vos difficultés rencontrées au cours de chaque exercice. Vous pouvez également mesurer votre progression en comparant votre état émotionnel et votre capacité à prendre des décisions difficiles avant et après avoir mis en pratique les exercices proposés dans le plan d'action. Enfin, vous pouvez également solliciter le feedback de personnes de confiance qui vous entourent pour obtenir un regard extérieur sur votre évolution et les résultats obtenus.

Ou encore :

Une autre façon d'évaluer ce plan d'action semaine après semaine est de se fixer des critères mesurables et spécifiques pour chaque exercice proposé. Par exemple, pour l'exercice de la respiration profonde, vous pouvez chronométrer le temps que vous passez à pratiquer cette technique chaque jour et noter si vous ressentez une diminution de votre niveau de stress. Pour l'exercice de la décision éthique difficile, vous pouvez évaluer la qualité de votre décision en vous appuyant sur les critères éthiques pertinents et en notant si vous avez réussi à prendre une décision en adéquation avec ces critères. Enfin, pour l'exercice de la méditation, vous pouvez évaluer votre capacité à vous concentrer et à vous détendre en mesurant la durée pendant laquelle vous arrivez à vous concentrer sur votre respiration sans être distrait. En utilisant ces critères, vous pouvez suivre votre évolution et ajuster le plan d'action en conséquence pour obtenir les meilleurs résultats possibles.

BIBLOGRPHIE

Voici une bibliographie sur le thème de la maîtrise de la balance des émotions pour réussir :

"Emotional Intelligence 2.0" de Travis Bradberry et Jean Greaves

"The Power of Emotional Intelligence" de Anthony M. Grant et Jane Greene

"The Happiness Advantage: The Seven Principles of Positive Psychology That Fuel Success and Performance at Work" de Shawn Achor

"Mindsight: The New Science of Personal Transformation" de Daniel J. Siegel

"Thinking, Fast and Slow" de Daniel Kahneman

"The Art of Possibility: Transforming Professional and Personal Life" de Rosamund Stone Zander et Benjamin Zander

"The 5 Elements of Effective Thinking" de Edward B. Burger et Michael Starbird

"The Resilience Factor: 7 Essential Skills for Overcoming Life's Inevitable Obstacles" de Karen Reivich et Andrew Shatte

"Daring Greatly: How the Courage to Be Vulnerable Transforms the Way We Live, Love, Parent, and Lead" de Brené Brown

"Mindfulness: An Eight-Week Plan for Finding Peace in a Frantic World" de Mark Williams et Danny Penman

Cette liste de livres aborde différents aspects de la maîtrise de la balance des émotions pour réussir, tels que l'intelligence émotionnelle, la psychologie positive, la résilience, la vulnérabilité et la pleine conscience.

voici une liste de livres écrits par des écrivains africains sur le thème de la maîtrise de la balance des émotions pour réussir :

"L'alchimiste de Looma Land" de Noel N. Ilunga
"Les femmes de Baba Segi" de Lola Shoneyin
"L'hibiscus pourpre" de Chimamanda Ngozi Adichie
"Le monde s'effondre" de Chinua Achebe
"Nervous Conditions" de Tsitsi Dangarembga (pas encore traduit en français)
"La joie de la maternité" de Buchi Emecheta
"L'enfant noir" de Camara Laye
"Un grain de blé" de Ngugi wa Thiong'o
"L'autre moitié du soleil" de Chimamanda Ngozi Adichie
"Les beaux sont encore à naître" de Ayi Kwei Armah

Ces livres offrent une perspective unique sur la maîtrise de la balance des émotions pour réussir en Afrique, en abordant des thèmes tels que la culture, la famille, la politique et l'identité.

LEXIQUE :

Emotions : Les sentiments ressentis par une personne en réponse à un événement ou à une situation.

Intelligence émotionnelle : La capacité à comprendre et à gérer ses propres émotions, ainsi que celles des autres.

Régulation émotionnelle : La capacité à gérer et à moduler ses émotions en fonction de la situation.

Conscience de soi : La capacité à comprendre et à être conscient de ses propres émotions et de leur impact sur les autres.

Contrôle de soi : La capacité à contrôler ses impulsions et à éviter de réagir de manière impulsive.

Résilience émotionnelle : La capacité à faire face aux épreuves et à rebondir après des situations difficiles.

Gestion du stress : La capacité à gérer le stress et l'anxiété de manière efficace.

Communication émotionnelle : La capacité à exprimer ses émotions de manière claire et constructive.

Empathie : La capacité à comprendre et à ressentir les émotions des autres.

Confiance en soi : La capacité à avoir confiance en ses capacités et à se faire confiance.

Optimisme : La capacité à rester positif et à voir le bon côté des choses, même dans des situations difficiles.

Mindfulness : La pratique de la pleine conscience, qui consiste à être conscient de l'instant présent et à vivre l'expérience en toute conscience.

Méditation : La pratique de la méditation, qui peut aider à calmer l'esprit et à réduire le stress.

Auto-compassion : La capacité à être gentil et compréhensif envers soi-même, même dans des moments difficiles.

Humilité : La capacité à être humble et à reconnaître ses erreurs.

Patience : La capacité à être patient et à attendre que les choses se produisent sans perdre son sang-froid.

Adaptabilité : La capacité à s'adapter aux changements et à faire face aux nouvelles situations.

Persévérance : La capacité à persévérer et à continuer à travailler dur, même lorsque les choses deviennent difficiles.

Créativité : La capacité à trouver des solutions créatives à des problèmes difficiles.

Motivation : La capacité à se motiver et à se fixer des objectifs ambitieux.

GLOSAIRE

Auto-compassion : La capacité de traiter soi-même avec gentillesse, compréhension et bienveillance, même dans des moments difficiles.

Bien-être émotionnel : Un état de satisfaction émotionnelle et de bien-être mental, caractérisé par des émotions positives et une gestion saine des émotions négatives.

Conscience de soi : La capacité de reconnaître, comprendre et réguler ses propres émotions.

Contrôle de soi : La capacité de contrôler ses impulsions et de modérer ses émotions, en particulier les émotions négatives, afin de prendre des décisions éclairées et de réagir de manière appropriée aux situations.

Empathie : La capacité de comprendre et de ressentir les émotions des autres.

Gestion du stress : La capacité de gérer et de réduire les niveaux de stress en adoptant des stratégies telles que la méditation, la respiration profonde et la relaxation musculaire.

Intelligence émotionnelle : La capacité de reconnaître, comprendre et gérer ses propres émotions, ainsi que celles des autres.

Méditation : Une pratique qui implique la concentration sur un objet, une pensée ou une activité dans le but de calmer l'esprit, de réduire le stress et d'améliorer la concentration.

Optimisme : Une attitude positive envers la vie et les événements, caractérisée par la confiance en soi et la capacité de voir les choses sous un angle positif, même dans des situations difficiles.

Régulation émotionnelle : La capacité de réguler ses émotions, en particulier les émotions négatives, pour éviter des réactions impulsives et inappropriées.

Respiration profonde : Une technique de respiration qui implique la respiration lente et profonde, souvent utilisée comme technique de relaxation pour réduire le stress et l'anxiété.

Résilience émotionnelle : La capacité de faire face aux épreuves et aux situations difficiles, de rebondir et de se rétablir rapidement.

Techniques de relaxation : Des techniques telles que la respiration profonde, la méditation, la relaxation musculaire et le yoga qui sont utilisées pour réduire le stress et l'anxiété.

Techniques de visualisation : Des techniques qui impliquent l'imagerie mentale pour aider à visualiser des scénarios positifs, réduire le stress et renforcer la confiance en soi.

Yoga : Une pratique physique, mentale et spirituelle qui implique des postures, des techniques de respiration, de méditation et de relaxation pour améliorer la santé physique et mentale, et réduire le stress.

Liens :

"L'intelligence émotionnelle : apprendre à gérer ses émotions" : un article sur le site du journal Le Monde qui explique les principes de l'intelligence émotionnelle et donne des conseils pratiques pour mieux gérer ses émotions.

"Comment maîtriser ses émotions pour réussir en entreprise" : un article sur le site de l'Express qui aborde l'importance de la maîtrise des émotions dans le milieu professionnel et donne des astuces pour y parvenir.

"Comment maîtriser ses émotions pour réussir sa vie" : un article sur le site Psychologies.com qui propose des conseils pratiques pour mieux gérer ses émotions au quotidien et améliorer son bien-être émotionnel.

"Gestion des émotions" : une section du site de l'Association Canadienne pour la Santé Mentale qui explique les principes de la gestion des émotions et propose des outils pratiques pour y parvenir.

"Méditation guidée pour la régulation émotionnelle" : une vidéo sur YouTube qui propose une séance de méditation guidée pour apprendre à réguler ses émotions et retrouver son calme intérieur.

"Les bienfaits de la méditation sur la gestion des émotions" : un article sur le site Psychologies.com qui explique comment la méditation peut aider à mieux gérer ses émotions et propose des exercices pratiques à faire chez soi.

"Les 7 habitudes des personnes émotionnellement intelligentes" : un article sur le site du Huffington Post qui détaille les habitudes à adopter pour améliorer son intelligence émotionnelle et mieux gérer ses émotions.

"Régulation des émotions" : une section du site de l'Université de Genève qui explique les principes de la régulation des émotions et propose des outils pratiques pour y parvenir.

"Comment développer son empathie" : un article sur le site de Psychologies.com qui donne des conseils pratiques pour développer son empathie et mieux comprendre les émotions des autres.

Mais aussi n'hésitez pas à consulter le site de la **SB Academy** : www.stellbusiness.com pour tout conseils ou accompagnement.

Table des matières

Printed by Books on Demand GmbH, Norderstedt / Germany